Ils ont essayé de nous enterrer, ils ne savaient p
que nous étions des graines

Qui pousse dans le pré. On nous entend pas, on
écoute.

Des fois on pousse.

Des cris.

C'est quand on s'aime. C'est notre semence.

Comme ça il y aura toujours des graines.

Le bonheur se trouve dans le pré.

Dans le prêt aussi.

Il faut être prêt à courir pour l'attraper.

Tout près, il est, ce pré.

Juste à côté.

Voilà, tu y es!

Yes!

live your dreams

let your wildest dreams come true

to the potential unlimited

which you have in you

La deuxième naissance – c'est le plus dur

Car pour arriver

Il faut déjà être

Mort

Ressusciter

N'est pas à la portée de toutes les bourses

C'est plus facile

Pour le marginal, le clochard, l'exclu

D'ouvrir des portes du royaume des pauvres

Que les rois, les pharaons

Qui se trouvent l'autre côté

Sans clé ni serrure à moins que

Ils donnent tous aux pauvres

Pour rentrer à leur tour

Au royaume

Des fous

Peut être

En tous cas c'est un archétype bien masculin

Mourir ? Souffrir ?

Passion ? Souffrance Morte

Ensuite

La naissance

Mort-né

En couche

Still life

Nature-morte

Still

Where there is life

Il y a l'espoir

Les morts sont incapables de faire quoi que ce soit

Sauf dormir

Se reposer

Jusqu'aux

Eh bien cela on ne le sait pas trop

Les vivants

Ceux qui se réveillent à temps

Saute de leurs lits du fleuve comme Lazare

Oui pour eux il y a espoir

Faut croire

Qu'ils ont la force

Nécessaire

Pour crier

Hurler

Car cela nécessite

L'inspiration,

L'inhalation

Le remplissage du vide

Dans les deux poumons

De l'aire

Des bolées d'aire

Gratuites, pas chère

Quand il y en a

Plein

Les poumons

Là

Ça commence

Des douleurs terribles

La seule chose à faire

C'est crier

Gueuler

Contre des injustices du monde

Pour ensuite être prit

Pour un fou

Furieux

D'amour

Premier cri passé

Il faut respirer

Prendre conscience

S'instruire

Trouver des maitres

Pour montrer des chemins

Vers

La liberté individuelle ?

Le haut de la montagne

La bibliothèque

L'héritage

Culturelle

Du savoir faire

L'office de guide

Transmettre

A son propre tour

Cartographier des nouvelles frontières

Entre le monde réel et imaginaire

Faire le va et vient

En permanence

Semer

Des graines de partage

Sourire

Car le don appel

Un autre en échange

Ainsi la deuxième vie commence

Sur les chapeaux de roues

Pour rouler combien

De kilomètres

On ne le sait pas

Des virages, des routes des aventures des imprévus des accidents des coups

Des dés jetés

Sur le terrain du jeu

Où le juge arbitre

C'est le libre arbitre

Le choix

Des chemins

Vers des lendemains encore inexplorés

Fait en sorte

Que seulement l'instant du moment du battement du cœur

Et le remplissage des poumons

Avant le prochain

Bip sur l'électrocardiographe

Bbbbbbbbbbbbbbeeeeeeeeeeeeeeeeeeeeeeeeeeeee eeeeeeeep
……………………………………………………………………
…………………………………….

« Prenons garde à ne pas remplir notre vie de ce qui nous vide. »

J'étais au supermarché

Devant l'embarras du choix

Que choisir

Pour ma petite vie en bas

L'alcool, la drogue, la cigarette, une télé grande écran

Des tons de bouffe ou des vêtements

A la mode du déjà vu

Un cabriolet, un DVD, un smartphone dernier cri

Me vide

Me pompe

De tout mon fric

Pour remplir ma tête avec des publicités des produits mythiques

Des bulles d'air spéculatives

Des day dreams d'un consommateur heureux devant sa carte de crédit

Donc je suis parti

Pour remplir ma vie de sens, des rencontres avec d'autres et moi-même

Frugal, zen

Avec un sourire je don

Pour recevoir dans l'échange

L'énergie par la tonne

Electrifiant ce jus, ce courant dans mes veines

Un stupéfiant pas cher

Une étoile à suivre de loin

Bien loin du foin des centres commerciaux des grandes villes

Une manne du ciel ou plus

Une nourriture spirituelle pour des fous

D'amour

Du partage, d'échange

Le remplissage fait le plein

D'idées dans ma tête

Qui m'amènent bien loin

Des hypers

Des superettes du coin

Du foin des courses

Car le trésor

Reste intérieur, ouvert à tout le monde

Peu importe la bourse le jour des courses

Les bibliothèques sont gratuites

Je pousse la porte et je suis en haut déjà

Dans mon paradis

Je ris

Car le monde n'est qu'un grand livre

Et mon chapitre n'est pas fini !

Heaven is where the heart is
in the garden of the mind
a jungle, seen by the blind!

le bonheur est intérieur
en nous le sourire qui revient
en boomerang

de loin
de l'autre
dans la joie du partage

de l'énergie qu'on puisse
à la source de soi-même
en souriant!

apprendre à croire en soi !

"Dancer in the Dark"

un super film à voir
si tu veux apprendre à dancer
dans le noir

"Flashdance"
encore un autre
qui fait battre les tambours
des coeurs, pour faire tomber des murs

entre
temps
du tempo de la vie
entre

deux
rives
entre ilôts
entre murs

apprendre à dancer
pour faire des détours
des détournements des coeurs
des rétours

des tchatchatcha des swing des walz des rock
dancer dans le moment
l'instant de la dance
rentrer dans le mouvement

l'entre
acte
entre des rives
dancer dancer dancer

comme un âme qui vibre….

Qu'une vie
Quoi ! Faut que je me dépêche
Que j'arrive avant la fin....

Nous sommes tous Charlie

Je m'implique, je m'applique, je revendique le droit
De savoir ce que je sais et ce que je sais pas
Faire pour refaire l'histoire en face
De moi, j'avance par petits pas
Brisant ainsi des faux pas sur la route
Qui me prend dans ses bras dans mes chutes...

oui
il en faut de la patience
dans la vie!

La patience paie toujours
A la longue on gagne
Ce qu'on a semé
Dans le vent
Des mots
Des actions se reproduisent
Eternellement
Nos rêves se réalisent

Le sens de ma vie
C'est de faire scintiller la lumière
Débroussailler un chemin
Sur terre

J'attends l'illumination
A l'aube de tous les jours
L'éveil est à moi
Une source de secours

Je puise dans le noir
Pour illuminer ma flamme
C'est l'intuition
Qui me porte aux lendemains

Des routes se croisent, s'en mêlent
Partant des sources multiples
Je monte tant bien que mal
Pour ensuite descendre dans mes tripes

Je suis mon propre guide
Le terrain reste à explorer
Mon bateau dérive
C'est à l'écoute que je navigue

Entre rochers où des phares scintillent
Je passe inaperçu, je trace mon propre chemin
Sur la paroi du temps
J'attends en vain

Car l'attente est un secours
L'incertitude une force
A boire tous les jours
Attentivement

Mes racines portent le ciel
Où mes pensées se forment
Dans des mots je me forge
Je me façonne à ma guise

Suivant des grands maîtres
J'illumine ma flamme sur terre et mer
La route reste à acheminer
Des découvertes restent à faire

L'exploration
De la pensée
C'est mon art
De rien faire !

En tant que poète
Je ne fais que brasser de l'air
Mais en ainsi faisant
Je forge la culture sur la terre.

L'amour
l'instrument de notre propre transformation

Aimer ton voisin
Change ta destination

Aimer toi même
Semer des graines

Car il faut apprendre à s'aimer
à évaluer ce qu'on fait

à soi même
en s'aimant

semant des graines de joie
qui pousseront tôt ou tard

sur le chemin qu'on a
emprunté

la durée du prêt
car la vie n'est qu'un instant

qui traverse le pré
dans lequel on s'aime

semant dans la parole
l'idée dans le vent

qui pousse
tôt ou tard

comme un champignon
une fleure

avec encore des graines
la semence du bonheur!

....

sshhhhhhhhhhhh

Si mon patron l'entendait...

« Quoi? joie? T'as pas assez de boulot c'est ça! »

C'est révoltant, hein?

Indigne toi ! Trouve ta voix! Trouve ta joie!

Autrement dit- "   "

C'est ça! Quelle voie!

Révoltant, n'est pas!

La beauté est une lumière dans le cœur qui se reflète

Sur le visage le bonheur....

La gentillesse constante
C'est comme le soleil
Fait des rayons de chaleur
Toute la journée!

Le bonheur de tous
est beaucoup plus grand
que la somme
des individuels
qui cherche
dans le prés
l'instant de bonheur
pour courir après
dans le temps qui s'efface
car le bonheur est dans l'instant
l'instant qui passe
lentement
dans l'espace
d'un sourire, un fou-rire un délire
un soupire pour redire
à soi-même
que le bonheur n'est qu'un papillon qui passe
hélas
faut-il le saisir?
ou le laisser filer
pour ensuite revenir
ailleurs
dans un autre champ
de vision en fleurs
fanées
en souvenirs
d'un autre
temps des rires
dans le prés
dans le prêt
à attraper le bonheur
tout pré

, toute-à-fait
prêt, à peu-près
à travers la journée

ensoleille

Regarde
Ecoute ton cœur

Sentir le
comme une fleur

en été s'ouvre
écoute ton cœur

qui bouge, bat
dirige ton âme

vers le mât
tes voiles adorne

le voilier
c'est ton corps

en plein tempête
ou en eau calme

en mer, ou océan
ou rivière

suit le battement
de ton cœur

ce rude tambour
qui t'indique le chemin de l'amour

sans retour mène
vers la frontière de la vie

l'aboutissement d'un rêve
l'accomplissement de soi

l'épanouissement
ici bas

aussi bien qu'en haut
les deux se vaux

sont identique
l'enfer, le paradis n'est qu'ici

le purgatoire aussi
d'où vient le cri

sans appel
ni réponse

sauf le silence
entre les espaces

des moments du temps qui passent
et comme le passage, s'effacent

donc suis
cette symphonie

dans ton cœur
écoute la

ne regarde pas ailleurs
que dedans

l'intérieur
de soi-même

ainsi éveillé
marchons

vers la campagne, la paix
de la nature, la vie en vraie!

Go with the flow
comme on dit en anglais

let go
lachez prise

Flow

With the flow

Within

Sing

Comme j'attendais une pensée -
et je n'en avais pas

je me suis dit
'faut rectifier çà'

Mandela
-était il plus libre

que ses joailliers
et si c'est le cas

y a t il des conclusions
qui tracent

des lignes de pensée
pour être libre

suffit il une clés
où la musique qui vibre

une clés de sol
au moins

pourrait faire l'affaire
pour envoyer la pensée

faire balader dans les aires
revenir plus tard

au même endroit
cela ne sera plus pareil

car la pensée
change la nature de la journée

la forme
le fond qui passe

dans la tête, entre les oreilles
s'efface

avec la pensée
qui en succède d'autres

d'où viennent elles, ses pensées
qui sont les hôtes

les nôtres
ou les autres

qui les envoient dans l'aire
balader

à travers le temps
pour simplement prendre l'aire

d'une pensée
une bulle

une idée
mit en mots, en bouche

bée
scotché

en silence
les pensées qui parlent

disent longue
sur les tracées

qui s'en vont
dans le vent

du 10 juin, 2014

Printed in Great Britain
by Amazon